BEI GRIN MACHT SICH IHR WISSEN BEZAHLT

- Wir veröffentlichen Ihre Hausarbeit, Bachelor- und Masterarbeit

- Ihr eigenes eBook und Buch - weltweit in allen wichtigen Shops

- Verdienen Sie an jedem Verkauf

Jetzt bei www.GRIN.com hochladen und kostenlos publizieren

Bibliografische Information der Deutschen Nationalbibliothek:

Die Deutsche Bibliothek verzeichnet diese Publikation in der Deutschen National-bibliografie; detaillierte bibliografische Daten sind im Internet über http://dnb.d-nb.de/ abrufbar.

Impressum:

Copyright © 2015 GRIN Verlag, Open Publishing GmbH
Druck und Bindung: Books on Demand GmbH, Norderstedt Germany
ISBN: 978-3-668-06059-3

Dieses Buch bei GRIN:

http://www.grin.com/de/e-book/307385/sicherungsverwahrung-ein-fallbeispiel-aus-ethischer-perspektive

Saskia Krüger

Sicherungsverwahrung. Ein Fallbeispiel aus ethischer Perspektive

GRIN Verlag

GRIN - Your knowledge has value

Der GRIN Verlag publiziert seit 1998 wissenschaftliche Arbeiten von Studenten, Hochschullehrern und anderen Akademikern als eBook und gedrucktes Buch. Die Verlagswebsite www.grin.com ist die ideale Plattform zur Veröffentlichung von Hausarbeiten, Abschlussarbeiten, wissenschaftlichen Aufsätzen, Dissertationen und Fachbüchern.

Besuchen Sie uns im Internet:

http://www.grin.com/

http://www.facebook.com/grincom

http://www.twitter.com/grin_com

Sicherungsverwahrung – ein Fallbeispiel aus ethischer Perspektive

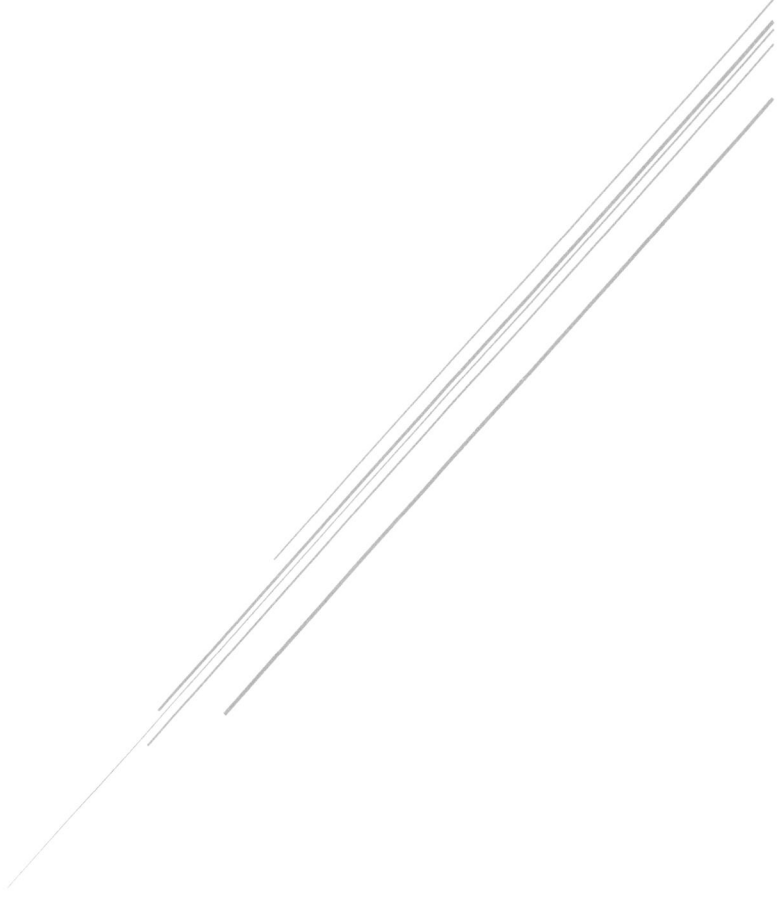

Saskia Krüger

Inhalt

Gendererklärung

Zur besseren Lesbarkeit verzichte ich darauf, jeweils die weibliche oder männliche Bezeichnung zu verwenden. Soweit neutrale oder männliche Bezeichnungen verwendet werden, sind darunter jeweils weibliche und männliche Personen zu verstehen.

Einleitung

In unserem Referat stand die Sicherungsverwahrung in Verbindung mit der Menschenwürde bzw. den Menschenrechte im Fokus. Es stellt sich sofort die Frage, ob man Straffällige, obwohl sie ihre Straftaten bereits verbüßt haben, in Sicherungsverwahrung bringen kann. Die Verwahrung dient als Präventivfunktion für die Gesellschaft. Darf ein Mensch eingesperrt werden, nur weil die Gefahr bestehen könnte, dass er weitere Straftaten begeht? Darf einem Menschen die Chance genommen werden eingegliedert in unserer Gesellschaft zu leben, nur weil manche Inhaftierte nach der Entlassung erneut Straftaten begangen haben? Kann es nicht sein, dass eine intensivtherapeutische Behandlung ausreicht?

Ist es ethisch und moralisch vertretbar Menschen eingesperrt zu lassen?

In Verbindung mit den Gedanken, gehe ich auf die Menschenwürde und die Menschenrechte und stelle eine Verbindung zur sozialen Arbeit dar. Die zweite Ethik auf die ich eingehen werde, ist die poststruktualistische Ethik. Zu den beiden Themen haben wir in Bezug zu einem Fallbeispiel zwei Fragen in eine Diskussionsrunde gestellt.

Ethik meint „das Sittliche". Die Ethik befasst sich mit dem menschlichen Handeln und der Bewertung dessen. Sie beschäftigt sich mit der Frage nach dem richtigen Handeln in bestimmten Situationen. Wie auch hier bei diesem Dilemmata.

Menschenwürde und Menschenrechte

Art.1 Abs.1 GG

(1) Die Würde des Menschen ist unantastbar. Sie zu achten und zu schützen ist Verpflichtung aller staatlichen Gewalt.

Art.1 Abs.2 GG

(2) Das deutsche Volk bekennt sich darum zu unverletzlichen und unveräußerlichen Menschenrechten als Grundlage jeder menschlichen Gemeinschaft, des Friedens und der Gerechtigkeit in der Welt.

In der Sicherungsverwahrung ist die Menschenwürde streitig zu betrachten. In der Definition von Andorno bezeichnet der Begriff Menschenwürde, „den Eigenwert jedes menschlichen Individuums, das als Mensch in gleicher Weise d.h. unabhängig von besonderen Eigenschaften, Merkmalen oder Leistungen, unbedingte Achtung verdient." (Andorno et. al 2014: 197) Alle Menschen sind gleich egal welche Herkunft, welches Geschlecht, Alter oder Zustand, sie haben alle den gleichen Wert.

Werden die Individuen in der Sicherungsverwahrung unabhängig von Eigenschaften, Merkmalen oder Leistungen behandelt? Verdienen sie die unbedingte Achtung, wie ein eingegliederter Mensch ohne Straftaten in unserer Gesellschaft? Es sollte der Fall sein, da es kein Leben gibt, welches als unwertes Leben bezeichnet wird. Jeder Mensch unserer Gesellschaft, sollte als gleich angesehen und gleichermaßen behandelt und akzeptiert werden. Das wird in den 30 Artikeln der allgemeinen Erklärung der Menschenrechte festgeschrieben. Es heißt, dass alle Menschen frei und gleich an Würde und Rechten geboren sind und dass sie mit Vernunft und Gewissen begabt sind. (vgl. allgemeine Erklärung der Menschenrechte 1948, Artikel 1) Eine allgemeine Definition für die Menschenrechte stammt von Krennerich, der sagt: Menschenrechte sind besondere, grundlegende Rechte, die in ihrer Gesamtheit darauf abzielen, die Würde des einzelnen Menschen zu schützen und einem jedem Menschen ein freies, selbstbestimmtes Leben in Gemeinschaft mit anderen zu ermöglichen. Ohne Vorbedingungen stehen sie jedem Menschen aufgrund seines „Menschseins" zu und sind ihm als unveräußerliche Rechte eigen. (Krennerich 2014/2015)

Eine andere Definition ist für mich fraglich. Schmid-Noerr meint, dass die Würde, Rang, Ehre oder Ansehen eines Menschen bezeichnet. Er assoziiert Würde mit dem Wert eines Individuums. „Wem Würde zugesprochen wird, dem wird von Anderen Achtung erwiesen." (Schmid-Noerr 2012: 179) Schmid-Noerr stellt für mich eine Gegenposition zu Definition von Andorno dar. Andorno teilt jedem Menschen Würde zu, aber Schmid-Noerr vertritt die Meinung, dass es Menschen gibt, die keine Würde zugesprochen bekommen. Die Bezeichnungen Rang, Ehre oder Ansehen in eine Definition um Menschenwürde einfließen zu lassen, finde ich unangebracht. So findet in unserer Gesellschaft sofort eine Stigmatisierung statt. Menschen die Straftaten begangen haben und danach noch in Sicherungsverwahrung kommen, haben weniger Chancen ein positives Ansehen oder einen hohen Rang in dieser Einordnung zu bekommen und somit von Anderen Achtung zu genießen. Hierzu abschließend ist der Artikel 1 Absatz 1 Grundgesetz nicht außer Acht zu lassen. (1) Die Würde des Menschen ist unantastbar. Sie zu achten und zu schützen ist Verpflichtung aller staatlichen Gewalt. Dieser Artikel sollte in der Sicherheitsverwahrung mehr in den Blick genommen werden.

Eine juristische Definition von Kälin heißt: „Internationale Menschenrechte sind die durch das internationale Recht garantierten Rechtsansprüche von Personen gegen den Staat oder staatsähnliche Gebilde, die dem Schutz grundlegender Aspekte der menschlichen Person und ihrer Würde in Friedenszeiten und im Krieg dienen." (Kälin 2004: 17)

Zu der Menschenwürde gehören die Menschenrechte, denn „im Kern des Konzeptes der Menschenrechte steht die Menschenwürde." (Brühl 2014) Die allgemeine Erklärung der Menschenrechte wurde 1948, nach dem Krieg, festgeschrieben. In ihr sind die Freiheits- und Sozialrechte festgeschrieben. Die Sozialrechte sind in den Artikeln 22-28 geregelt. Die Freiheitsrechte sind in den Artikeln 3-20 vorhanden, wie z.B. Artikel 3, welcher perfekt zu der Sicherheitsverwahrung passt: Jeder hat das Recht auf Leben, Freiheit und Sicherheit der Person. (vgl. http://www.amnesty.de/alle-30-artikel-der-allgemeinen-erklaerung-der-menschenrechte, letzter Zugriff: 24.06.2015) Wieso haben die Menschen nach ihrer Haft keine Chance auf Freiheit, obwohl sie ihre Strafe schon verbüßt haben? Soll die Gesellschaft in Sicherheit gebracht werden und ist sie somit mehr wert, als die Menschen in der Sicherungsverwahrung?

Wie ist die Verbindung zur sozialen Arbeit?

In einer Definition von sozialer Arbeit des deutschen Bundesverband für Soziale Arbeit e.v. (DBSH) werden die Menschenrechte mit einbezogen. „Soziale Arbeit als Beruf fördert den sozialen Wandel und die Lösung von Problemen in zwischenmenschlichen Beziehungen, und sie befähigt die Menschen in freier Entscheidung ihr Leben besser zu gestalten. Gestützt auf wissenschaftliche Erkenntnisse über menschliches Verhalten und soziale Systeme greift soziale Arbeit dort ein, wo Menschen mit ihrer Umwelt in Interaktion treten. Grundlage der Sozialen Arbeit sind die Prinzipien der Menschenrechte und der sozialen Gerechtigkeit." (deutscher Bundesverband für Soziale Arbeit e.V. 2015)

Wir SozialarbeiterInnen arbeiten in vielen verschiedenen Fachbereichen und arbeiten mit sozialen Arbeitsfeldern zusammen und daher ist es in diesem Bereich besonders wichtig, dass alle nach der gleichen Berufsethik arbeiten.

Der DBSH hat Prinzipien zur Menschenwürde und zu den Menschenrechten aufgestellt. SozialarbeiterInnen sollen das Wohlergehen jeder Person schützen und verteidigen. Es muss das Recht auf Selbstbestimmung geachtet werden. Die Menschen treffen ihre eigenen Entscheidungen, hierbei sollen die Rechte von Anderen unverletzt bleiben. Das Recht auf Beteiligung soll gefördert werden. Wenn sich Menschen dazu bewegen, soziale Dienste anzunehmen, soll dies gefördert und gestärkt werden. Dies geschieht unabhängig von Entscheidungen und Handlungen, die ihr Leben betreffen. Die Soziale Arbeit muss jede Person ganzheitlich behandeln. Es ist ihre Aufgabe, nicht nur das Individuum zu sehen, sondern die Lebenswelt des Klienten. Kontakt mit der Familie, der Gemeinschaft und die Umwelt sollte wahrgenommen werden. Die Stärken des Klienten sollen erkannt werden oder entwickelt werden, sobald die Stärken des Einzelnen wahrgenommen worden sind, sind diese zu fördern. Der Fokus sollte immer auf den Stärken und nicht auf den Schwächen liegen. (vgl. http://www.dbsh.de/fileadmin/downloads/Ethik.Vorstellung-klein.pdf, letzter Zugriff: 09.09.2015)

Natürlich darf die Soziale Arbeit nicht diskriminieren, es sollen kulturelle Unterschiede beachtet und geschätzt werden und es darf nicht stigmatisiert und unterdrückt werden. Die Würde und Rechte müssen beachtet werden! Die SozialarbeiterInnen arbeiten gegen mögliche Menschenrechtsverletzungen, sondern fördern und unterstützen die Menschenrechte.

Sicherungsverwahrung

Wer so gefährlich ist, dass er eine Gefahr für die Öffentlichkeit darstellt, bleibt auch nach Verbüßung der Strafe in Haft, in Sicherungsverwahrung.

Im §66 StGB ist festgeschrieben, wer in Sicherungsverwahrung muss. Es gibt bestimmte Voraussetzungen, um Straffällige, die ihre Haft verbüßt haben, in Sicherungsverwahrung zu bringen. Die Inhaftierten müssen eine erhebliche Gefahr für die Allgemeinheit darstellen, da sie wo möglich erneut Straftaten ausführen. Die Sicherungsverwahrten müssen außerdem eine psychische Störung diagnostiziert bekommen haben. Individuen mit einer psychischen Störung haben eine beeinträchtigte Wahrnehmung. Diese Wahrnehmung oder Störung stellt anschließend eine Gefahr für die Gesellschaft dar. Die Sicherungsverwahrung wird rechtlich nicht als eine Strafe angesehen, sondern als eine Maßregel, die der Besserung und Sicherheit dienen soll. Es ist eine geschlossene Einrichtung in der sich die Sicherungsverwahrten befinden. Der Vollzug erfolgt getrennt vom Vollzug einer normalen Freiheitsstrafe. Um dies zu ermöglichen werden entweder eigenständige Anstalten oder abgetrennte Abteilungen innerhalb einer Justizvollzugsanstalt eingerichtet. Es gibt ein Grundsatzurteil des Bundesverfassungsgerichtes vom 04.05.2011 in dem geschrieben ist, dass die Menschenwürde in dem Vollzug gewahrt werden soll und eine Resozialisierungschance besteht. (vgl. Höflich et. al. 2014)

Es gibt bestimmte Ziele, die im Mittelpunkt stehen. Die Sicherungsverwahrten sollen zum Schutz der Allgemeinheit untergebracht werden. Außerdem soll die Zeit in dem Vollzug der Sicherungsverwahrung eine Besserung des Straftäters nach sich ziehen, somit soll die bestehende Gefährlichkeit minimiert werden. Das größte Ziel ist, dass eventuell zukünftige Straftaten verhindert werden! (vgl. Kröber 2010)

Nach Höflich und Bartsch gibt es drei Formen bei Erwachsenen. Die primäre Sicherungsverwahrung, die vorbehaltene Sicherungsverwahrung und die nachträgliche Sicherungsverwahrung. Die primäre Sicherungsverwahrung ist im Urteil angeordnet und im §66 StGB geregelt. Im Gegensatz zu der primären Sicherungsverwahrung wird bei der vorbehaltenen Sicherungsverwahrung eine mögliche spätere Verwahrung im Urteil angemerkt, dies wird im §66a StGB festgeschrieben. Eine nachträgliche Sicherungsverwahrung ist nur zu erwarten, wenn eine Unterbringung in einem psychiatrischen Krankenhaus nicht in Erwägung gezogen wird, aber trotzdem die Begehung von Straftaten zu erwarten ist, hier ist der §66b StGB von Bedeutung. (vgl. Höflich 2014 und Bartsch 2013) Im Jahre 2009 entschied der europäische Gerichtshof für Menschenrechte in Straßburg, dass die nachträgliche Anordnung von Sicherungsverwahrung gegen die europäische Menschenrechtskonvention (EMRK) und das Verbot rückwirkender Strafgesetzgebung verstößt. Falls das Gutachten eine positive Prognose aufzeigt, kann der Sicherungsverwahrte entlassen werden. Hier gibt es einheitliche Entlassungsvoraussetzungen. Vorher wird mindestens alle zwei Jahre von einem Gutachter geprüft, ob weiterhin die Gefahr besteht, dass der Straftäter außerhalb des Vollzugs rechtswidrige Taten begehen wird und somit eine Gefahr für die Gesellschaft darstellt.

Zu den Entlassungsvoraussetzungen gehört auch die Beteiligung des Sachverständigen. Eine Entlassung kann nur nach Einholung eines Sachverständigengutachters geschehen, hier ist es nicht festgelegt, welche Fachrichtung dieser angehören muss. Ein Gutachter muss Gelegenheit zu einer ausführlichen Befunderhebung haben. In unserem verlinkten Video (siehe unten) ist jedoch das Gegenteil der Fall. Hier hat sich der Gutachter nur 10 Minuten Zeit genommen. Durch Recherche im Internet ist dies leider öfters der Fall. Diese Voraussetzung sollte also mehr in den Fokus genommen werden. Das angefertigte Gutachten muss nachvollziehbar und transparent sein, außerdem dürfen keine individuellen Emotionen, Gedanken oder Gefühle einfließen. Die Hypothesen und Untersuchungsmethoden sollten offengelegt und erklärt werden. Aus all diesen Entlassungsvoraussetzungen soll der Gutachter nun auf ein künftiges Legalverhalten schließen. (vgl. Pfister 2007)

Wird der Sicherungsverwahrte als Patient oder als Gefangener angesehen? Wird nicht immer gesagt, dass jeder Mensch resozialisierbar ist?

Wie ist hier die Verbindung zur sozialen Arbeit?

Die soziale Arbeit soll in der Sicherungsverwahrung den Menschen helfen, ein zukünftiges Leben in sozialer Verantwortung zu führen. Dieses Leben soll ohne Straftaten geschehen und lebenswert enden. Hier liegt ein Spannungsfeld zwischen Hilfe und Kontrolle vor. Helfen und kontrollieren sind bedeutsame Aufgaben von sozialpädagogischen Fachkräften. Dieses Spannungsfeld nennt sich auch „doppeltes Mandat". Es kann ein Konflikt entstehen, da es zu Missverständnissen und zu falschen Interpretationen führen kann. Die Kontrolle wird oft verwechselt mit einer Aufsicht oder einer dauerhaften Überprüfung, die bei den Sicherungsverwahrten zu einer Abwehrhaltung führen kann. Die SozialarbeiterInnen müssen durch Professionalität die Kontrolle als ein Hilfeangebot darlegen. Die Sicherungsverwahrung basiert auf Einzelfallhilfe und sozialer Gruppenarbeit. Die Einzelfallhilfe ist eine von drei grundlegenden sozialpädagogischen Formen zum Lösen sozialer Probleme. Die SozialarbeiterInnen setzen ihre Strategien ein, um die Probleme am Individuum zu bewältigen. Die Hilfe kann den Sicherungsverwahrten in einer Beratung angeboten werden oder in verschiedenen Maßnahmen oder Vermittlungen. Die soziale Gruppenarbeit hingegen ist eine weitere Form. Die Sicherungsverwahrten müssen Rücksicht anderen Verwahrten gegenüber zeigen, Kooperationsbereitschaft zeigen und empathisch sein. Der Weg ist das Ziel. Die Gruppenarbeit in der Sicherungsverwahrung ist förderlich, da die Gruppenmitglieder vergleichbare Probleme haben. Sie können sich gegenseitig bei der Konfliktlösung unterstützen und Hilfen anbieten. Die SozialarbeiterInnen sprechen aktuelle Konflikte an und betreuen die Gruppenmitglieder bei der Behebung.

Diese Hilfen sind in der sozialen Arbeit alltägliche Arbeit. Die SozialarbeiterInnen haben das Ziel die Grund- und Menschenrechte zu beachten und die Gesellschaft vor weiteren Straftaten zu schützen. (vgl. Michelitsch-Traeger 2013)

Poststruktualistische Ethik bezogen auf Judith Butler i. V. m. dem Fallbeispiel Klaus A.

Die Iteration bezeichnet, dass gleiche Situationen immer ein bisschen anders sind, beurteilt und bewertet werden. Jedes Individuum hat eine andere Wahrnehmung, aber oft gleichen sich die verschiedenen Wahrnehmungen an und es wird als gleich angesehen. Die Wahrnehmung kann variieren, da jeder Mensch andere Interessen, Gefühle oder Stimmungen hat. Der Begriff Differenzen bedeutet, die Summe der Wahrnehmung soll in einen Kontext gesetzt werden. Es soll nicht nur die gegenwärtige Situation betrachtet werden, sondern auch die Zukunft. Wichtig für ein Subjekt ist, dass es ein räumlich und zeitlich bestimmtes Wesen ist, das sich im Denken zu sich selbst verhält, also ein Selbstbewusstsein hat. Bezogen auf das Fallbeispiel (siehe unten) meint der Subjektbegriff, dass Klaus von dem Sacharbeiter und dem zuständigen Arzt als potenziell gefährlicher Straftäter betitelt wird. Diese Position ist festgeschrieben und behält er somit. Auf der anderen Seite, bekommt Klaus den Subjektbegriff, des liebenden Großvaters. In dem Video, wo über Klaus berichtet wird, wird gezeigt, dass er einen Altar in seinem Zimmer aufgebaut hat. Hier stehen zum Beispiel Fahrkarten, Kuscheltiere und Fotos. Ein Subjektbegriff mit Hilfe von anderen Individuen gegeben, nur dann kann er zugeschrieben werden.

Fallbeispiel

Klaus A. Ist 77 Jahre alt und seit 40 Jahren hinter Gittern. Er hat Frauen beim Geschlechtsverkehr gewürgt, was aus seiner Sicht dem Spaßfaktor diente. Das Gericht jedoch sah es als Vergewaltigung und als Mordversuch an. Er saß seine letzte Strafe vor 9 Jahren ab und gilt immer noch als gefährlich. Klaus schämt sich, sobald er über die Ereignisse berichtet und sagt, er wäre nicht mehr in der Lage, Geschlechtsverkehr auszuführen. Die Entscheidungen beruhen auf Prognosen, wer in die Sicherungsverwahrung und somit nach der Haft nicht in die Gesellschaft gelassen wird. Klaus hatte in den 9 Jahren ein paar Mal die Möglichkeit unter Bewachung seine Familie zu sehen, dies aber nur für wenige Stunden. Die Hoffnung auf Freilassung schwindet als Klaus den Brief vom Gutachter öffnet, in dem steht, dass er körperlich unterlegene Personen würgen bzw. verletzen könnte. Somit bleibt er in Sicherungsverwahrung. Ein neues Gutachten erfolgt in zwei Jahren. (https://www.youtube.com/watch?v=tDlB6Hsj8M0, letzter Zugriff: 08.09.2015)

Wir haben in der Diskussionsrunde folgende Fragen gestellt:

1) Wie würden Sie den Fall von Klaus A. aus Sicht der Menschenrechtsethik mit besonderem Blick auf den Artikel 3 beurteilen?

Artikel 3 der allgemeinen Erklärung der Menschenrechte:

Jeder hat das Recht auf Leben, Freiheit und Sicherheit der Person.

Es kam sofort die Kritik auf, dass Klaus A. die Menschenrechte in der Gesellschaft nach seiner Haft nicht verletzt hat. Es wurde diskutiert, ob die Menschenrechte von der Allgemeinheit höher angesehen werden, als die von Klaus. Danach folgte die Bemerkung einer Kommilitonin, dass jeder Mensch in der Gesellschaft die Möglichkeit hätte, Menschenrechte zu verletzen. Hier wurde die Aussage getätigt, dass jeder von uns bereits schon mal Menschenrechte verletzt hat – bewusst oder unbewusst. Ob Diskriminierung, Gewaltanwendung oder das Missachten der Meinungsfreiheit. Das Gutachten bzw. die Prognose, die Klaus bekommen hat, würde somit auf uns alle zutreffen. Wir besitzen schließlich die Kraft, einen anderen Menschen zu verletzen. In Bezug auf das Gutachten ergab sich die Anmerkung, dass einem Gutachter eine zu große Verantwortung zugeschrieben wird. Die Kommilitonin vertrat die Idee, dass ein Gutachter Angst haben könnte, eine falsche Entscheidung zu treffen, die folgenschwere Taten nach sich ziehen könnte. In dem Zusammenhang wird der Schutz der Gesellschaft höher angesehen.

In unserem Seminar ist die Meinung signifikant höher, dass Klaus ein Leben in Freiheit zusteht. Diese Aussage ist mehrmals mit Unsicherheit getätigt worden. Die Diskussion ergab kein klares Fazit und hinterließ ein offenes Ende.

Natürlich gab es auch viele Stimmen, die gesagt haben, dass der Gutachter den Sicherungsverwahrten untersucht hat und es einen Grund gibt, wenn dieser zu einer negativen Prognose kommt. Die Opfer sind ihr ganzes Leben lang psychisch geschädigt und sollten geschützt bleiben. Die Gesellschaft hält sich an das Recht und auch an die Menschenrechte, deswegen ist die Gefahr zu hoch, dass ein ehemaliger Straftäter erneut rabiate Taten ausübt und mehr Opfer geschädigt werden.

2) Bringen Sie die Begriffe aus der poststruktualistischen Ethik (Iteration, Differenzen und den Subjektbegriff von Judith Butler) in Verbindung mit dem Fall von Klaus A. und bewerten Sie diesen anschließend.

Den Begriff Differenzen haben die Kommilitonen mit dem Beispiel erklärt: Wenn ein Sicherungsverwahrter wütend ist und aus dem Affekt eine Tür laut zuschlägt, wird es sofort im Kontext gesehen: „Es ist ein Straftäter, er ist gewalttätig." Wenn jedoch eine Ärztin, eine Tür lauter schließt, heißt es: „Sie hat einen schlechten Tag." Hier findet im hohen Maße eine Stigmatisierung statt. Jeder Mensch bekommt in vielen verschiedenen Situationen immer Subjektbegriffe zugeschrieben. Klaus wird, wie bereits erläutert, als Straftäter gesehen, aber auch als ein liebender Großvater. Andererseits wird ihm vielleicht auch der Subjektbegriff, Vater oder guter Freund zugeteilt.

Schluss
Die Menschenwürde und die Menschenrechte sollten in jeder Situation gewahrt und geschützt werden. Die SozialarbeiterInnen haben den Auftrag dies in ihrer Tätigkeit dauerhaft umzusetzen. Dieses Dilemmata kann also zwei Positionen nach sich ziehen. Entweder vertritt man die Position, dass die Gesellschaft geschützt werden muss oder man ist moralisch in der Position, dass jeder Mensch die Chance haben sollte, nach Verbüßung der Haftstrafe ein freies, lebenswertes Leben außerhalb in der Gesellschaft zu führen.

Literaturangaben

Amnesty International: Alle 30 Artikel der allgemeinen Erklärung der Menschenrechte (2009), URL: https://www.amnesty.de/alle-30-artikel-der-allgemeinen-erklaerung-der-menschenrechte (09.09.2015)

Andorno, Robert; Christensen, Birgit (2014): Menschenwürde. In: Handbuch Ethik und Recht der Forschung am Menschen. Heidelberg: Springer. S.197-198

Bartsch, Tillmann (2013): Sicherungsverwahrung- aktuelle Fragen und Entwicklungen. In: Kriminalpädagogische Praxis, Jg. 41,49,S.14-21

Brühl, T., Rosert, E. (2014): Die UNO und global Goverance, Grundwissen Politik. Wiesbaden: Springer. S.211-224

Deutscher Berufsverband für Soziale Arbeit e.V. (1997): Grundlagen für die Arbeit des DBSH e.V.. Ethik in der Sozialen Arbeit. Göttingen. S.1-5

Deutscher Berufsverband für Soziale Arbeit e.V.: Profession (2015), URL: http://www.dbsh.de/beruf.html (05.05.2015)

Höflich, Peter; Schriever, Wolfgang; Bartmeier, André (2014): Grundriss Vollzugsrecht. Das Recht des Strafvollzuges, der Untersuchungshaft und des Jugendvollzugs. 4. Auflage. Heidelberg: Springer

Kälin, Walter (2004): Das Bild der Menschenrechte. S.17

Krennerich, Michael (2014/2015): Handbuch der Menschenrechtsarbeit. Artikel 1: Menschenrechte – ein allgemeiner Einstieg. Menschenrechte – Merkmale, Rechtsgrundlage, Dimensionen. Friedrich Ebert Stiftung e.V.

Kröber, Hans-Ludwig (2010): Sicherungsverwahrung. In: Forensische Psychatrie, Psychologie, Kriminologie, Bd.4,4,S.278-279

Michelitsch-Traeger, Ingrid (2013): Standards der Sozialen Arbeit im Justizvollzug Rheinland-Pfalz

Pfister, Wolfgang (2007): Juristische Voraussetzungen der Sicherungsverwahrung. In: Forensische Psychatrie, Psychologie, Kriminologie, Bd.1,2,S. 111-120

Schmid-Noerr, Gunzelin (2012): Ethik in der Sozialen Arbeit. Stuttgart: Kohlhammer Verlag. S.171-190

Schweizerisches Kompetenzzentrum für Menschenrechte: Menschenrechte für Einsteiger/innen – eine Einführung (2012), URL: http://www.humanrights.ch/de/service/einsteiger-innen/ (05.05.2015)

Stascheit, Ulrich (2014): Gesetze für Sozialberufe. Die Gesetzessammlung für Studium und Praxis. Frankfurt am Main: Fachhochschulverlag. S.16